아내 그리워

아니 그리워

문창국 시집

Little Teddy Books

아니 그리워

Never Missing You

Books may be purchased by contacting the publisher and author at:

Publisher: Little Teddy Books
Mailing Address: 12819 SE 38th St Suite 568 Bellevue, WA 98006
Website: http://www.littleteddybooks.com
Email: info@littleteddybooks.com
ISBN: 978-0-9968112-0-0

First Edition, 1988
Second Edition, May 2017
8 7 6 5 4 3 2 1 10 9

Printed in the United States of America

시인의 말

너를 향해 가던 길에
너를 잃어버렸다
그리고 곧바로
내 청춘도 길을 잃었다

1988 년 8 월 24 일
저자 문창국

제1부　이월에게

제 2 부　아니 그리워

제 3 부   엽서

제 4부 연

제 5 부　섬의 뿌리는 깊다

제 1 부

이월에게

아내 그리워

이월에게

부족한 듯,
정말 부족한 듯
징검다리 건너뛴
겁 없는 아이

들판에는 꽃도 없지
냉기를 품고 있는 나무

아직은
혀끝에 맴도는
희망이라는 말

길은
노루 꼬리
부족한 듯 부풀어 오르는
물에서 건져 올린 상현달

4월의 비

4 월의
비 오는 날의 대지는
온통 시끄럽다

비 온 뒤 사월의 나무는
잎사귀 꽃 피운다

4 월의 비는
곤한 잠 깨우는
아침의 소란스러운
누이의 밥 짓는 소리다

진달래꽃 1

4 월의 언덕에
붉은 꽃잎으로 물들인
향기마저 안으로 감춘 진달래꽃

3 월의 바람 타고
아니
그 이전의 푸른 하늘 바람 타고
강산에 뿌리내리고 서럽게 핀 꽃

푸른 하늘 노래하며
자유를 노래하며
천사가 된
누이의 치마폭에도
아프게 피어난 꽃

눈물

영혼 깊은 곳에서
수액으로 솟아올라
잎사귀 눈 속에서
아침 이슬로 맺히는 너

가야 할 길 알 수 없어
천 길 절벽 두 뺨으로
속절없이 추락하여
제 발등 아리게 물들이는

외등

한 번도
외출 않는
나에게
밤마다 찾아와서
유리창 화폭 삼아
내 얼굴을 그리네

수녀원의 아침

고웁게 빗은 머리 보다
정결한 마음

오늘도 죽으며 살리라
검은 옷을 여미는 아침

새벽종 아침 이슬 털고
미사를 준비하는 뜨락

마지막 잎새

해인사 대웅전에서 새벽 예불 후
첩첩 어둠 속에 누워 있던 산들을 깨우는 여명이
내 속에서도 일어나고 있었다

나는 보리수나무 아래서 빛으로 물드는 세상을
바라보며
문득 하늘을 올려다보았다
큰 나뭇가지에 가랑잎 하나 내 눈에 들어왔다

보리수나무는 저 작은 한 잎 나뭇잎 때문에 서
있는가
아니면 잎으로 인하여 나무가 꿈을 꾸는가

하늘을 찌를 것 같은 용기가 솟다가도
위태로운 한 잎 메마른 말에도
금 간 옹기처럼 위태한

지구는 돈다는데
원심력에 견디다 못해 나뭇잎이 떨어지면
내가 가고 있는 곳에서 만나려나
나무의 뿌리가 닿아 있는 어디

17

또다시 내 안에서 흐릿한 소요가
아침 안개처럼 피어나고 있었다

상념

봄날
비온 날
산정은
운무가 오락가락

대웅도
영웅도 아닌
내 마음도 오락가락

낙엽

발아래 무수히 밟히는 낙엽들
곱고도 짙은 붉은색이
결코 헛되이 살지 않은 삶의 무게가
고스란히 배여 있는 잎사귀

봄부터
여름의 태양 아래
초록이 번져
영혼 깊숙이 파고든 빛깔
무게 중심이 완벽한 대칭을 이루는
올곧은 뼈대
잎사귀 구석구석을 쉼 없이 흘렀을
가느다란 모세 혈관까지
가을빛 저녁노을이 깊게 배여 있습니다

잎에서 묻어나는 나무 향기
씹으면 싸한 흙냄새 배여 있는
종국에 낙엽이 어디로 가는지
짐작이 됩니다

손

떠난다 말도 없이 떠나시는 임
붙든 손 아쉬워 못내 아쉬워
잘 가오 손도 한번 못 흔든 손

떠난 임 돌아온다 오늘은 온다
기다리던 내 마음 너무 서러워
싸리문 밖 비켜서서 눈물 훔친 손

들꽃

나는
가을 언덕에 피어난
이름 없는
들꽃이고 싶다

바람이 불면 부는 대로
서리가 내리면 내리는 대로
꺾이지 않고 피는
키 작은 들꽃이고 싶다

그 먼 곳에서
외로움도 잊은 채
자신의 향기에 반한
한 송이 들꽃이고 싶다

코리언 타임

너를 향해 가는 길

바쁘게 걸으면서도
걷는 것도 부족하여 달리면서도

한 시간씩이나
늦어진 약속

눈 내리는 밤

나는 들었네
포근한 밤
눈 내리는 소리

들길 거니는 소리
소나무 가지에 내리는 소리
저녁 창가에 쌓이는 소리
어린아이보다 더
부드러운
눈 내리는 소리

가로등 깊이
잠재우고
저마저 누워 잠든
내 누이 미소 같은
하얀 눈꽃이여

매화

찾아올 임 없는 줄 알면서
지새우는 밤
꽃잎같이 창문 밝히는 달빛
울타리 아래
임 오신 듯 피어난 꽃

시린 추위 견디며 오신 임
창문 열고 맞이한다
방안까지 번지는 그윽한 향기
벌 나비는 모두 어디 갔는가

달빛 타며 춤추는 매화여
네 곁에도 임 없으니
너를 위해 잔을 드노라

아내 그리워

제 2 부

아내 그리워

아내 그리워

고드름

너는 아느냐
물구나무서서 거꾸로 보아야
똑바로 보이는 이 세상을

창끝같이 날 세우고
차가운 눈물 흘려야
살 수 있는 이 세상을

아니 그리워

오늘도
아니 오시나요
기다리는 임
어둠이
노을마저
삼켜버렸어요

바람 분 적 없건마는
지는 목련꽃을 보아요
뜰 안에
사위는 달빛마저
서러움의 밤입니다

오늘은
아니 오시니
내일은 오시렵니까
내일마저 아니 오시면
더는
아니 그립습니다

배추와 어머니

저물도록 어머니
배추 단을 만들고 계셨다
곁에서
어린 아들이 돕고 있었다

얼굴이 검은
배추 장수 아저씨
어머니가 만든
배추 단을 던지며

'크기가 이게 뭐요
두 단을 하나 값으로 셈합니다'

일방적 선언에 돌아앉아
눈물 글썽이셨던 어머니

메마른 배추 잎은
어머니의 주름진 얼굴

하늘을 올려다보니
여전히 눈물 글썽이시며
낮달로 떠 계신 어머니

겨울밤

싸늘하게 식은 네온
텅 빈 바람의 거리

주점에 앉아
술병과 씨름하는
이 밤은 정녕 눈이 오려나

어머니
지금쯤 문단속하고 있을
나의 어머니

이 밤은 정녕 눈이 오려나
고향의 이 밤도 눈이 오려나

갯벌

사람에게는
물 나가 시커멓게 드러난
갯벌 같은 가슴을 안고 있다
끝내 한의 응어리를 풀어내지 못하고
사랑조차도 안으로만 잦아들다가
자신을 버린 갯벌 같은 모습

사람에게는 갯벌 같은 허무한 추억이 있다
끝없이 펼쳐진 진흙밭에 숭숭 뚫어진 게 구멍
검은 도화지 같은 흙밭에 찍힌 물새의 발자국

사람에게는 겨울 바다 같은 상처가 있다
시커먼 진흙밭에 차갑게 박혀 있는 바위
아프면 아픈 채로
바닷물을 끌어안고 살아가는 사람들
멀리서 바라보면
만조로 출렁이는 푸른 물결처럼
모두 행복해 보이지만
갯고랑처럼
가슴 한쪽 무너져 절망하는 사람 있다

포도

아무도 모르게
유월의 햇빛 아래서
포도가 익어가고 있었습니다
이슬처럼 푸르게 맺혀 고사리 새순 같던
포도송이들이 어느덧 고운 빛으로
알맞게 물든 빛깔

여름 소나비 맞으면서도
꿀 송이 같이 달콤한
과즙을 제 안에 가득 채우고
부풀어 올라
안에서부터 넘치고 있습니다

어떻게 알았을까요
한여름의 땀방울이 스며들어
맛으로 그대를 감동시킨다는 것을
가슴앓이하며 곱게 키운 사랑이
까만 씨앗으로 여문다는 것을
아무도 모르게 유월의 햇빛 아래서
포도가 익어가고 있었습니다

초승달

초저녁
서쪽 하늘에
불현듯 찾아온 너

애잔한 모습
그 아름다움에
나는 온 마음으로 기뻐하였다

가슴 시린 사랑도 잠시
내 사랑은 예고도 없이 끝나고
절망하여 눈물 어린 눈으로
너를 바라볼 때
너도 같이 무너지며 텅 빈 가슴으로
나를 위로하고 있구나

잠시 잠깐 만에
서산으로 기울어가는 네 모습
하마 늦을까 용서가 안 돼도
용서해야 한다는 것
말하고 있구나

사계

봄

초승달
떡갈나무에 걸려
놀란 개 짖는다

초승달 짖는 개 소리에 놀라
서산으로 지는 밤

여름

나팔꽃 이슬 머금고
아침을 열었다

아침 이슬
나팔꽃 속으로
숨어버린 아침

가을

낙엽 물드는 뜨락
노을 지는 비인 들녘

기러기 떼
날아간 뒤
낙엽만 뒹군다

겨울

꿈꾸는 겨울 강촌
하얀빛 임의 가슴

임 가슴 꿈속에서
헤매는 겨울밤

국화

가을을 사랑하는 사람은
국화 한 송이 곁에 두고
가을을 보내고 싶어 하는 사람이다
자기만의 향내를 가지고 싶어 하는 사람이다
누군가에게 국화꽃같이 다가가고 싶어 하는
사람이다

가을을 속 깊이 앓아본 사람이라면
국화 향기같이 아릿한 사랑을 경험해 본 사람이다
그 사랑 때문에
가을 하늘 바라보며 눈물 흘려본 사람이다
살면서 외로울 때
한 번씩 추억하며 꺼내보는 사연 깊은 편지 같은 꽃
빛바랜 사진 같은 꽃

아!
못다 이룬 사랑 때문에 가을을 잠 못 드는 꽃
슬픔이 꽃대를 타고 가슴에 응어리를 만든 꽃

이 가을
사랑의 아픔을 경험해보지 않은 사람은
국화를 곁에 둘 자격이 없다

눈 없이 사는 연습

움직이지 않고 살아가는 것들은
눈 없이 태어나서
나이가 들면서 눈을 뜬다

느티나무도 나이가 먹으면서
옹이가 떨어져 동그란 눈을 뜬다
열린 눈 속에서 다람쥐가 잠을 자고
새들이 새끼들을 품는다

목수는 나무 무늬에 맞추어
빈틈없이 마루를 놓았다
오랜 세월 쓸고 닦을 때마다
가늘고 긴 속눈을 뜬다
그 눈 사이로 마루 밑에
햇살도 들여놓고
소통이 두절됐던 냉기도 토해낸다

할머니 손때 묻은 장독
온 몸에 결간 눈을 하고 있다
불룩한 배에 씨앗을 가득 담고
새봄을 기다린다

눈을 뜨고 태어난 나는
더 많은 것을 보기 위하여
얼마나 바쁘게 돌아다녔는지
나이가 느티나무만큼 먹은 지금
가슴 눈 뜨는 연습을 한다
밤하늘의 별들을 바라보는 연습을 한다

꿈이었다면

지난밤에는
몹시도 바람이 불었어요

창문 흔드는 소리에
혹여 임이실까
잠에서 깨었습니다
밖을 내다보니
별빛만 쏟아집니다

임께서 오신 것이
꿈이었다면
꿈속에서 다시
임 만나 볼까요

떠난 임처럼
달아난 잠마저
찾아오지 않는 밤이
꿈이었으면 좋겠습니다

빛

날파리들의 투신을
설명할 수 없다

사람들도 핵우산 아래 있는 것이
안전하다고 생각한다

아침 햇살을 받고서야
나무들도 안심을 한다

빛 앞에 어둠은 증식될 수 없다

모든 어둠에 있는 것들은
빛 앞에 노출을 꿈꾼다

꽃도 빛 아래에서만
피어나고 춤추고 웃는다

강

강에도
물의 길이 있습니다

시간은 강같이 흐르고
나의 삶도 흘러갑니다

때로는 자기 앞의 삶의 무게가
힘겨울지라도
강물 속 수초들이
급류가 지나면 다시 일어서듯,

강은 영원의 바다에 끝닿아 있습니다
그곳은 사유가 멈춘 곳
갈대의 춤도 볼 수 없는
그러나 바다를 두려워할 필요는 없습니다

영원에서 세상으로 태어난 나는
사랑이 가득한 눈
어머니의 따뜻한 손길이 있었음을 기억합니다

긴 여행에서 돌아온 강을
온몸으로 받아내는 바다는
낮은 곳에서 무릎 꿇었기 때문입니다

그림자

묻지 않겠다
침묵으로 일관하는 너의 행동을
그러나
나는 믿고 있다
영원까지
우리를 묶어주었음을
너를 소유하지 않고
끝까지 사랑하고 싶다

너와 함께 가야 할 길이
우리 앞에 놓여있다
길 위의 모든 날이
짐이 아니고 즐거움이기를
구속이 아니고 자유이기를

같은 꿈을 꾸며 가는 사람들의
뒷모습은 노을보다 아름답다

아내 그리워

제 3 부

엽서

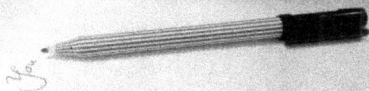

아내 그리워

엽서

이메일도 아니고
전화도 아닌
엽서 한 장 받아든 날
잘 지내느냐고
잘 있다고
뜬금없이 물어온 안부

실없는 사람이라고
생각이 들다가도
엽서를 보내기까지
그가 무척 외롭구나
생각이 되어
엽서가 가여워서

내려놓지 못하고
버리지 못하고

고독

가을바람 맞으며
온종일 혼자 걸었다

붉어진 단풍잎 바라보며
돌아서서 눈물 흘렸다

공허하리만치 멀어진
하늘은 시리게만 보인다

나는 나무에서 떨어져 나간
한 잎 단풍잎인 줄 알았다

동백의 계절

초저녁부터 자리 펴고 누운 달과 별
은근한 손길로 잎사귀 어른다
말라 있던 가지에 온기가 스밀 때까지

어머니와 함께 미명에 달려와
눈물로 매달린 이슬의 기도

생기 잃은 잎사귀에게
따뜻한 봄바람이 어떻게 위로가 됐는지
식은 뿌리를 부둥켜안고
가슴 체온으로 너를 덮었을 흙이
마침내 너,
꽃 피었다

그리고 숨죽이며 기다린
내 마음은 덤이다

하지만 너를 위해 치성드린 손길이
어디 이뿐이랴

피어난 꽃송이
색동 한복 곱게 차려입고 나들이 나선
누이들 같은

이제나저제나 바라보며
진정을 고백하려는 순간
뚝 떨어진다
이별이다

기다림은 길고
행복은 순간에 사라진다

4월은 누구에게도 마음 주지 못하는
잔인한 동백의 계절이다

해당화

해풍이 불어오는 바닷가에
홀로 핀 해당화
해무에 젖어 파르라니 떨고 있다

솟아오른 햇살 한 조각
꽃잎 곱게 물들인다

너무 붉어
입술같이 타는 목마름으로
누구를 기다리나

꽃잎 속, 노란 꽃술의 미소
가슴 깊은 너의 향기

바다 냄새 품고 있는 잎새마다
파란 그리움이 솟아오른다

꽃잎 지고 야윈 가지 가시가 돋아도
모래를 움켜쥔 뿌리에게서
기다림의 의미를 생각하게 한다

미루나무에게

메마른 막대기처럼
홀로 들판을 지키는 너
하늘에 닿으려는 염원을 알기에
모든 나무 위에 너를 세운다

현실의 절박함 모르는 것 아니나
땅속의 일들은 뿌리에게 맡기거라
긴 몸을 흔들어 올리는 춤사위
정성스럽게 모은 손
가지에 달린 잎사귀마다
간절한 기도문이 쓰여 있구나

임께 가까이 간다 해도
목마름은 더 할 것이다
끝없이 몰아치는 바람 앞에서도
임을 향한 노래는 멈추지 말기를

하늘을 향해 드리는 기도는
먼 곳 귀들에게 음악으로 전해진다

끝없이 낮아진 긴 그림자로
하늘길을 인도하는 너에게
서쪽 하늘 붉게 물들여
너를 빛으로 감싸 주겠다

파도

바닷가에 서 있어보라
파도가 포기하는지
맥 놓고 돌아서는지
주저앉아 절망하는지

두 눈 똑바로 뜨고 지켜보라
병풍같이 둘러 앞을 막아선
절벽이 무서워 물러서는지

바위를 씹어 쌓아 놓은
산 같은 모래톱을 보라

촉석루

울다 지친 가야금
이끼 낀 촉석루

정열은 한 되어
남강은 푸르른가

봄바람은 불어도
피고만 목련꽃

찾아올 임은 없나
졸고 있는 향 촛불

작은 배

부두에 작은 배 매여있다

바람에 실려 오는 소식
만남 그리고 헤어짐

끝없이 밀려오는 파도
쏟아져 물에 잠긴 차가운 별들

그래도 살아야 할
살아 있음이, 살아볼 만한 세상이라고
썰물처럼 밀려난 한 조각 희망을 붙든다

부두로 내려가는 오솔길 사이
억새 몇 포기
저녁에 부르던 노래를 부르고 있다

밧줄을 풀어 배를 띄워야 하리라
민들레 홀씨처럼 떠나야 하리라

닻을 올렸다 내렸다, 흔들리는 배
푸른 여백으로 작은 배가 떠나간다

봄이 오는 소리

겨울을 지내기가 누가 더 힘들었는지
들판에 서 있는 나무에게 물어보라
언 땅에 묻혀 간신히 숨 쉬고 있는
풀씨에게 물어보라

누가 더 노랑나비를 기다렸는지
시냇물 소리를 애태워 했는지

꽃가지에서 꽃망울 피어나는 소리
나뭇가지에서 잎 피어나는 소리
아무것도 기대할 것 없던 언 대지에서
풀들이 일어나는 소리

노랑나비가 아지랑이와 함께
봄을 모시고 왔습니다
현란한 날갯짓 속에
봄이 피어나고 있습니다

시냇물이 득음을 하였습니다
겨우내 제 가슴 꽝꽝 내리치더니
한 소식 얻었습니다

저 맑은소리
봄이 오는 소리

흑백텔레비전

할아버지는 나에게 흑백텔레비전이였다
할아버지는 13인치의 시야였다

아이들을 기르고 있는 나는
컬러텔레비전이다
색깔도 천연색이고 나의 시야도
32인치까지 확대되었다

디지털로 무장된 아이들에게서 나는
영락없는 흑백텔레비전 취급을 받는다
삶의 본질은 바뀌지 않지만
껍데기는 무섭게 변하고 있다

디지털텔레비전 다음으로 또 무엇이 나와서
사람들의 눈을 붙들어 놓을 것인지
텔레비전이 진화할수록
사회의 모순은 더 깊어지고
인간은 더 작아져
안으로 숨어들 것이다

할아버지가 보고 계셨던 흑백텔레비전은 차라리
흑과 백이 명확하게 구분되던 시대였다

게

물 밖으로 나온 게들은
침을 뱉으며 거품을 만들어 낸다
물속 같은 조건을 만들어
숨을 쉬기 위한 것이다

길을 걷다가 우연히
누군가를 만났으면 하고 바란다면
그 사람은 사랑의 기쁨도
사랑의 슬픔도 경험한 사람이다

한번 사랑의 바다에 잠겨본 사람은
물 밖으로 나와서도
바다의 조건이 되어야 살아갈 수 있다

헤어진 사람이라 해도
끝까지 붙들고 놓지 못하는 것은
사랑이 없으면 한순간이라도
숨조차 쉴 수 없기 때문이다

두견새

늦은 봄비는 내리는데
두견새 우는 소리
밤 메아리 되어 내 가슴을 친다

두견새 밤마다 우는 것은
동작동 차가운 대리석이 된
울 오라비 못다 이룬 서러움 때문이다

올해도 어김없이
진달래가 피었구나
지천으로 피었구나

울 오라비 못 잊어 우는 새야
진달래가 지거든
청산 넘어가거라

임에게 가거라
임에게 가거라

해인사 떡갈나무

해인사
천 년의 떡갈나무는
역사책은 필요치 않다
너의 마디마디가
살아서 숨 쉬는 역사다

해인사
천 년의 떡갈나무는
법문이 필요치 않다
하늘로 팔 벌려 서 있는
가지가지가 오히려
팔만대장경보다 값있다

해인사
천년의 떡갈나무는
나의 존재마저도
네 가지 끝에 달린
한 떨기 잎이었다

나

배를 타고 먼바다를 나가보면
내가 참 작아 보인다

비행기를 타고 높은 하늘에 떠 있으면
내가 사는 세상도 작아 보인다

채송화 꽃보다 어항 속 물고기보다
내가 참 작아 보인다

그러나
물이 사막에서 먼 것같이
집을 떠나 먼 곳에 가서야
작아 보였던 고향은 무척이나 커 보인다

아내 그리워

제 4 부

연

아내 그리워

연

연을 보니 알 수 있다
온몸으로 바람을 떠안아야
공중으로 올라갈 수 있다는 것

높이 올라갈수록
더 많은 바람을
제 몸에 품어야한다는 것

하늘에 떠 있어도
잠시라도 바람을 놓아서는
안 된다는 것

지상으로 내려올 때조차
바람을 잊어서는 안 된다는 것

웅변

사람도
언어로 표현되어지는 것은
단지 30%라 한다

잎의 눈짓, 가지의 흔들림만으로
수백 년을 살아온 느티나무

꽃도
아침에 꽃 문을 열고
저녁에 닫으므로
짧은 한마디를 전한다

금빛 은빛 반짝이며 흐르는 강
일 년에 한두 번
긴 몸 비틀어 쏟아낸 말 때문에
들판은 물바다가 된다

새처럼 가벼운 말보다
우뚝 솟아 말 없는 바위가 우리에게
얼마나 큰 믿음을 주는가

가을엔 꽃으로 피기보다

가을엔 꽃으로 피기보다
차라리 한 잎 낙엽으로 지는 것이 좋겠다
가을 끝자락에 홀로 핀 들국화를 보라
그리움은 오직 네게로 향한다

임 오실 때까지
끝없이
하염없이
가는 목을 치켜들고
들판을 지키는 늙은 병사

가을에는 차라리
한 잎 단풍으로 곱게 물들어
바람 따라 떠날 수 있으련만

아!
임 뵈올 수 있으련만

아무도 오지 않는
사위어 가는 가을 벌판에
홀로 꽃으로 피고 지는 것보다
차라리 한 잎 낙엽으로
물드느니만 못하다

할아버지와 저녁노을

마을 동산에 올라서면
크고 작은 섬들이 점점이 박혀있는
서해가 보였다

할아버지는 어린 나를 업으시고
느린 걸음으로 동산에 올라
서해의 일몰을 보여 주셨다

세상이 온통 붉은색으로 변하면서
섬들이 서서히 어둠 속으로 사라질 때
할아버지는 나를 업고 산을 내려오셨다

내가 수숫대처럼 키가 자라자
할아버지는 내 손에 의지해서
산엘 오르셨다
삭정이같이 여위신 손
금방이라도 사라질 것 같은 섬들이 불쌍해서
내 마음은 들국화처럼 흔들렸다

서해가 내려다보이는 곳에
할아버지 누워계신다
나 할아버지 품에 안기듯 묘지 앞에 앉아서

저녁노을을 바라보고 있다
작은 섬들 사이로
하얀 돛배가 타는 듯
노을 속으로 사라져 갔다

겨울 산

바람에 점령당한 산허리
눈 뒤집어쓰고 침상에 누웠다

홀연히, 그대가 떠나간 날
나도 겨울 산처럼 자신을 가두고
돌아앉아 문빗장을 걸었다

숲길에 새겨놓은 발자국
풀잎 끝에 매달린 정겨운 목소리
하얀 손으로 매만지던 여린 잣나무가지
앉아 저녁노을 바라보던 바위
계곡의 물소리보다 맑은 웃음소리
머물러 있는데, 내 기억 속에 있는데
그대는 숲을 떠났다

겨울 산은 바람만
찬바람만 부둥켜안고 있다

내 눈에 눈물이 마른 것 같이
계곡도 얼어붙어 흐름을 멈추었다

나는 나에게 묻는다

모든 이름에는 무게가 있다

누군가 내게 내 이름의 무게를 묻는다면

나는 나에게 묻는다

내 삶이 진실 곁에 가 있는지

내 마음을 그곳에 보내다

대지는
산과 강과 나무를 담고 있습니다
오늘은 내 마음을 그곳으로 보냈습니다
용기를 필요로 하는 사람에게 더하여
희망을 보태주기 위해서입니다

하늘은
해와 달과 별을 담고 있습니다
오늘은 내 마음을 그곳에 보냈습니다
용서를 필요로 하는 사람에게 더하여
사랑을 보태주기 위해서입니다

하루

오늘도 어김없이 태양은 떠오르고
지구는 계속해서 돌아가고 바람은 왔다갔다
불어대고
하루를 잡아먹은 달은 휘영청 허공에 걸리고
이루지 못한 사랑 때문에 달을 보며 한숨짓고
하루를 못다 한 사람들은 주점에 앉아 술병과
씨름하고
도시의 밤을 대낮같이 불 밝혀 놓고
지구는 인간에 의하여 또 하루만큼 망가지고

가로수와 장애인

팔다리 없는 장애인이
턱으로 휠체어를 운전하며
건널목을 건너고 있다

많은 인파 속을 뚫고 가는 그를
내려다보는 가로수

마음 같아서는 손을 내밀어
휠체어를 밀어주고 싶다

이른 봄 가지치기 당한 가로수
뭉툭한 그림자만 달려간다

서 있는 것도 고통이구나
힘겹게 붙어있는 몇 가닥 잎사귀
드러난 상처 덮기에도 턱없이 부족한

턱으로 휠체어를 운전하는 사람
얼굴 위로 부시게 쏟아지는 햇빛
신호등은 아직도 파란색이다

나무에 대한 단상

소리 없이 꽃을 피워 세상을 환하게 한다
말도 없이 열매를 맺어 차별 없이 거저 준다
부러져도 다시 일어서는 나무
일어서다 못 일어서면 옆 나무에게 자리를
양보한다
도저히 올라갈 수 없는 가파른 절벽도 올라가서
번듯하게 집을 짓는다
단단한 껍질 속이 사실은 강물인 나무
위와 아래가 분명한 나무
춤꾼인 나무
바람이 떠밀어도 밀리지 않는 소신이 굳은 나무
비탈에 서서도 균형을 잘 잡고서는 나무
땅을 보지 않고 하늘을 향한 나무
가장 깊은 속을 내줘서 새들에게 집을 짓게 하는
나무
겉은 거칠고 투박하나 속은 순결한 나무
때를 알고 이파리 곱게 단장시켜 떠나보낼 줄 안다
지경을 넓히기보다 차라리 우주를 개척하는 나무
가난하고 헐벗고 굶주릴 때도 참고 견딜 줄 안다

세세한 역사를 몸통에 기록하는 나무
외모도 둥글지만 속까지 둥근 나무
뿌리의 일은 비밀로 묻어두고 싶은 나무
땅속의 비밀을 잎으로 꽃으로 열매로 보여주는
나무

새는 슬플 때도 노래 부른다

새에게 더 이상 무엇을 바랄까

어미에게서 배운 노래를 안 잊고
기쁠 때나 슬플 때도 노래할 줄 아는 새

어미 잔소리가 노랜 줄 몰랐던 나는
슬플 때 부르는 노래를 모른다

향기

잘 익은 딸기에서는
딸기만의 향기가 난다

수박을 쩍 갈라놓으면
수박만의 향기가 난다

사람에게도 향기가 난다
손끝에서 눈길에서
마음 씀에서

가을은 나무가 대표 시인이다

나무 아래
쓰다버린 시의 파편이 수북하게 쌓이는
가히 살신(殺身)의 경지다

나는 시의 낱말들을 주워 정독한다

더러는 벌레가 읽다가 버린 시도 만난다

시계 제로

나는 어디로 가고 있나

'부지런도 하지'

보이지 않는다

내가 도달할 목적지

마치 쓰고 있던 안경을

벗은 것같이

잃어버린 것같이

아내 그리워

제 5 부

섬의 뿌리는 깊다

아내 그리워

별

빛을 품은 사람은
언젠가는 그 빛이 드러날 것이다

지금 내 눈에 들어와 반짝이는 별빛은
수수만년 세월의 다리를 건너
깊고 깊은 어둠의 터널을 지나
나에게까지 들어온 것이다

지금 필요한 것은 별만큼의 기다림이다
설령 누군가에게 빛이 될 수 없다 해도
내 안에서 별을 품어 빛나면 족한 일이다

가난한 사람

내게로 온 꽃을 보고
아름다움을 느끼지 못하는 사람이다
향기를 맛보지 못하는 사람이다

꽃이 어떻게 내게로 와서
눈 맞춤하려 애쓰는지
그 마음 헤아리지 못하는 사람이다

바닷가에서

눈을 감고
바닷가에 서 있어도 알 수 있지
비릿한 바다 향기 담은 바람

파도가
사그락사그락 모래를 밝으며
귀 쓸며 지나가는 소리

그대가 곁에 온 것
눈을 감고 있어도 알 수 있지

내 영혼을 춤추게 하는
그대의 기품 있는 향기

파도 소리처럼 반가워
내 심장 방파제처럼 설레게 하는

보는 듯 환하게 알 수 있는
보지 않아도 그대가 내게 온 것을

진달래꽃 2

해바라기였던 내게 너는 해였다
보아도 또 보아도 네게로 휘어진

꽃다운 나이에 시든다는 말처럼
말로 전해진 너의 부고
삽교천변 밤낮없이 헤매게 했던
강물도 거꾸로 흘러가
한순간에 암흑 속으로 침몰한 청춘

코스모스 핀 신작로 걸으며
맑은 웃음으로 하늘을 유화로 채색하던
단발머리 분홍 머리띠
흰색 칼라에 감색 투피스
하루에도 수 십 번도 더 거울을 보던
반짝이는 구두 신고 내 앞에 나타나
맡아 봐 맡아 봐 하면서
진달래 한 송이 들이밀던

나를 바라보던 해맑은 눈
따뜻한 손의 감촉
꽃보다 아름다운

내가 갈 수 없는 먼 곳
어느 산등성이에서 뿌리내리고
꽃으로 피고 있느냐

청춘
—친구 중문에게

그대와 나
술과 시가 있는 한
세상은 아무것도 아니었다
그때
우리의 혓바닥에서
놀아났던 많은 시는
알코올의 농도에 따라
그 값어치가 결정되었다

술판이 벌어진 머리 위에서는
나뭇잎이 빛났고
산들바람은 향기를 머금고
우리를 축복해 주었다
격렬하게 시를 썼지만
써진 시는 밋밋했고
비통한 마음으로
사랑을 노래하였지만
완성된 시는

하나도 슬프지 않았다
그래도 우리는 시를 썼고
자면서도 걸으면서도
시만 생각했다

세월이 흘러간 지금
그때 쓴 시를 보면
아프게 가슴앓이하던
내 청춘이 붙들려 있다

고로쇠나무

지리산 고로쇠나무처럼
나도 혈액 한 봉지 뽑고 있다
비닐 봉투에 차오르는 빨간 수액
나의 체온이 건너가 따뜻하다

헌혈을 마치고 일어났다
세상이 캄캄하다
중심을 잡을 수가 없다

내 몸에서 빠져나간 혈액이
나를 불 밝히는 기름이었다
좌우에서 흔들어도 쓰러지지 않는
중심 추였다

봄철 동안 수액을 뽑아내도
넘어지지 않고 푸르게 서 있는
지리산 고로쇠나무

헌혈을 마치고
받아든 우유를 마시면서 나는
고로쇠나무만도 못한
나약한 인간인 것을 알았다

소음

빌딩 옥탑 광고판
도시 사람들에게
'사라 그리하면 천국을 맛보리라'

TV 와 신문, 종일 토해내는 잠언들
비수같이 날아드는 시편들이
한쪽 귀로 흘러서 재활 용기에 쌓인다

뿌리가 뽑혀 수개월
냉장고 모터 잔소리에 몸말라가는 채소
살아있음이 치욕이다

잔잔한 호수에 던진 말 때문에
동그랗게 잠을 설치는 보통사람들

소음의 로데오 경주가 열린다
아우성이 불꽃을 일으키며 광장으로 번진다
서로의 가슴에 허무가 들어찰 바람구멍 뚫린다

바위도 말을 한다
천 년 동안 몸으로 하는 말, 유구무언
때로는 침묵도 불편한 소음이다

섬의 뿌리는 깊다

내 마음이 심하게 흔들렸다

누군가
섬에 오르고 있다

틈

콘크리트벽에 틈이 보인다
그 틈으로 담쟁이 뿌리내렸다

고란사 바위틈 사이로
약수가 흘러나온다

사람의 마음에도 빈틈이 있다
그 틈 사이에서 인정이 솟는다

봄눈

순간적으로 왔다가 사라지는 것들은
슬프고도 아름답다

별똥별
가을비
봄눈이 그렇다

산사의 새벽 종소리는
한번 울려 긴 여운을 남기지만
잡아 둘 수는 없다

잡으려고 쫓아가면 멀어지는 무지개

내 마음의 소란을 잠재우는 저녁노을

현란한 춤을 추며 낙화하는 봄꽃

모두 내 마음을 흔들고 공명시키는 것들이다

동행

함께 먼 길 떠날 때는
이야기 담을
큼직한 귀주머니가 필요하다

질리도록 같은 말을 반복해도
마치 처음 들어보는 것처럼
호기심 가득한 표정으로
들어주어야 한다

어쩌면 상대방도 내가 하는 말을
수십 번도 더 들었으면서도
아주 생소해서 신기한 듯
귀 기울이고 있는지도 모르니까

봄꽃

유행에 민감하지 못하면
봄꽃이 아니다

봄바람이 한번 휩쓸고 지나갈 때
재빠르게 꽃을 피워야 한다

멍하게 앉아 있다간
우연에라도 지나가던
벌 한 마리도 만날 수 없다

효도 관광버스

가을 맞은 감나무
환하게 불을 켰다

얼마나 얼굴을 씻어야
안에서부터 빛이 나는가

늙는다는 것은 익어가는 감처럼
자신의 색을 계속해서 덧칠하는가 보다
더는 탈색도 변색도 되지 않는
주홍빛이 될 때까지

노인들 탄 관광버스 안이
풍성하고 그윽하게 익어 있다

사랑할 때는

아무런
기대도
조건도 없다

오직
마음 하나
받아주길 바랄 뿐이다

사랑에 빠지면
다 주고도 더 주지 못해
허기지다
허기지다

혼돈의 시대, 존재의 밑그림 그리기

- 문창국의 시 세계

강 정 실

(수필가, 문학평론가, 한국문협 미주지회 회장)

1. 들어가는 말

우리가 살아가고 있는 미국은 개인적 자유와 물량이 풍부한 나라다. 하지만 자유와 물량에 편승하여 인종적이고도 이념적인 부조리의 병리 현상은 사회 전반에 만연해 있다. 그런데도 이곳에 안착을 결심한 이방인들은 더 나은 내일을 위해 먹기 위한 것에서부터 교육 등 새로운 낯섦을 스스로 선택한다. 그리하여 생경함이라는 밧줄 위에서 줄타기를 주저하지 않고 A. 카뮈(Albert Camus)가 말한 "새로운 세상에 대한 낯섦" 속으로 들어간다.

그러나 현실은 생각처럼 녹록지 않다. 서서히 옥죄

어 오는 낯선 언어와 보이지 않는 차별과 긴 고통을 숙명처럼 받아들이게 한다. 이런 고통은 작가에게는 확실한 임무를 부과한다. 또렷한 이질적 사회현상을 눈과 귀로 목도하며, 현실을 고답적 (高踏的)으로 받아들이며 문학으로 승화시킨다. 몸은 비록 타국에 있지만, 정신은 고향에서 느낀 정서를 잊지 않으려 되새김질하며 힘겹게 버텨나간다. 아마 시인 문창국은 1988 년에 발표한 30 여 년이 지난 자신의 첫 시집을 보며, 퇴색해 가는 순수함과 정서 적인 맑은 샘터를 잊지 않으려고 피나는 노력을 했을 것이다. 이는 디아스포라적인 타국생활의 현실에서 온고지 신(溫故知新)으로 본 자아의 재정립이다.

　화자의 첫 시집 내용은 다분히 서정적이고 서사적 이다. 이 시집 속에는 화자의 젊음과 미세한 풍경과 추억이 고스란히 들어 있다. 그리고 사명을 위한 자극, 곧 혼을 위한 울림과 영의 외침으로 스스로를 자극하며 우리에게 인생이라는 이야기를 전해주고 있다. 바로 이러한 이야기는 잃어버린 우리의 자아와 고향을 찾아가게 하는 전령이다. 다시 말하면, 시인 문창국의 제 1 시집 《아니 그리워》에 관류하고 있 는 정신은 인간애를 바탕으로 직조한 우리들의 자화 상이다.

2. 젊은 날의 초상(肖像)과 자아의식

화자는 1961 년 충남 당진 출생으로 1992 년 5 월 미국 시애틀에 이민 왔다. 그 후 25 년이 지난 지금까지 시애틀에서 생활하고 있다. 그는 자영업을 하며, 골프선생으로도 활동하고 있다. 자녀로는 두 아이 (아들·딸)가 있다. 또한, 이곳 시애틀에 있는 KAES 성경학교에서 신학 석사를 취득하고 박사과정에 적을 두고 있다.

평자는 시인, 문창국을 두 번 만난 적이 있다. 2016 년 11 월, 한국문협 미주지회가 주최한 《한미문단》 문학상 시 부문에 당선한 때이다. 또 한 번은 2017 년 2 월, 한국문협 워싱턴 지부의 문학 초청강연장에서 만났다. 그런데도 제 1 시집 《아니 그리워》(1988 년) 제 2 쇄 시평 제의를 받고 망설였다. 곧 발간될 《한미문단》 여름호 편집과 5 월 중순 독일여행이 잡혀 있기에 그랬다. 하지만 같은 문인협회의 회원이라, 워싱턴주 지부 공순해 회장과 상의하고는 바로 결정했다.

내용은 제 1 부에서 5 부까지 각각 14 편으로 구성된 시로 총 70 편이다. 이 70 편은 고등학교 1 학년 때부터 한국에서 쓴 젊은 날의 초상(肖像)과 자아의식의 총체이다. 한마디로 화자는 뼛속부터 시인인 셈이다. 이 중 평자는 화자의 발간사를 자세히 보며 시 세계를 잘 드러내는 5 편의 시를 선택했다. 화자는 한국에서의 순순했던 감성은 너무 지나쳤지만, 열정

하나만은 뜨거웠다는 생각을 한다고 했다. 그러면서 이 시집 속에는 문학 소년 시절, 때 묻지 않았던 순수 했던 시절로 되돌려 주어서 고맙다고까지 했다. 그랬을 것이다. 자신의 역정(歷程)에서 조우한 고뇌 와 정서가 담긴 젊은 날의 초상을 보고 느끼며, 다시 시를 쓰지 않으면 안 되겠다는 사명감을 느꼈을 것이다.

해인사 대웅전에서 새벽 예불 후
첩첩 어둠 속에 누워 있던 산들을 깨우는 여명이
내 속에서도 일어나고 있었다

나는 보리수나무 아래서 빛으로 물드는 세상을 바라보며
문득 하늘을 올려다보았다
큰 나뭇가지에 가랑잎 하나 내 눈에 들어왔다

보리수나무는 저 작은 한 잎 나뭇잎 때문에 서 있는가
아니면 잎으로 인하여 나무가 꿈을 꾸는가

하늘을 찌를 것 같은 용기가 솟다가도
위태로운 한 잎 메마른 말에도
금 간 옹기처럼 위태한

지구는 돈다는데
원심력에 견디다 못해 나뭇잎이 떨어지면
내가 가고 있는 곳에서 만나려나
나무의 뿌리가 닿아 있는 어디

또다시 내 안에서 흐릿한 소요가

아침 안개처럼 피어나고 있었다

(마지막 잎새 전문)

하루를 불당에서 새벽 예불로 시작한다. 화자는 예불을 마친 후 먼 산에서 아침이 밝아 오는 풍광에 눈을 돌린다. 첩첩이 쌓인 산들을 밝혀주는 여명을 가슴 깊은 곳에서부터 차근차근 받아들이고 있다. 다시 눈앞에 펼쳐지는 대웅전 주변에 있는 큰 나뭇가지에 눈을 돌린다. 나뭇가지에 달린 가랑잎 하나에도 불심과 만유인력의 불변적 이치에 대해 스스로 질문하고 대답한다. 굳이 구도자의 마음이 아닐지라도 이곳 해인사는 불심으로 가득한 새벽녘의 세상이다.

//또다시 내 안에서 흐릿한 소요가/ 아침 안개처럼 피어나고 있었다// 화자가 말하는 흐릿한 소요가 아침 안개처럼 피어나는 소요는 무엇일까? 이 소요 속에는 인간 본연이 가지고 있는 존재성과 철학성일 것이다.

시인 문창국은 이 시에서 존재의미를 불심(佛心)이 서린 문체로 시화화(詩畵化)하고 있다. 이는 생로병사와 세상만사의 법칙을 문학적 언어와 구조로 예술적 형상화로 천착하며 재구성하는 것이다. 인간은 추상적인 존재가 아니라, 자연과 사회 속에서

111

살아가는 구체적인 형상, 작가를 둘러싸고 있는 삶과
죽음이다. 즉 이 삶과 죽음은 문학의 형성에 커다란
의미를 부여케 한다.

저물도록 어머니
배추 단을 만들고 계셨다
곁에서
어린 아들이 돕고 있었다

얼굴이 검은
배추 장수 아저씨
어머니가 만든
배추 단을 던지며

'크기가 이게 뭐요
두 단을 하나 값으로 셈합니다'

일방적 선언에 돌아앉아
눈물 글썽이셨던 어머니

메마른 배추 잎은
어머니의 주름진 얼굴

하늘을 올려다보니
여전히 눈물 글썽이시며
낮달로 떠 계신 어머니

(배추와 어머니, 전문)

'생존에   대한   묘사는   문학과   예술의   한
양식으로서의 문학'이라는 R.G. Moulton 문학론을
읽는 듯하다. 화자는 배추 단을 만드는 어머니와 아들,
어머니가 만든 배추 단의 크기를 핑계 삼아 값을
깎으려는 배추 장수의 퉁명스런 한마디. 순간 어머
니는 억울해하며 서러워한다. '누가 이런 것을 문제로
삼나. 다른 배추 단과 비교해 보면 알 것인데, 이게 다
가족을 위한 것인데....' 이를 바라보는 어린 화자는
눈물을 글썽이며 하늘만 쳐다보는 어머니와 함께
하고 있다. 벌써 날은 저물어 있지만, 화자는 어머
니의 얼굴을 낮달로 바라보고 있다.

가족의 역사는 어떻게 보면 소유사(所有史)처럼
느껴진다. 가족이라는 울타리는 모든 것을 이해하고
서로 껴안는다. 이는 만고불변의 진리다. 작금의 세대
는 삶의 양상이 많이 달라졌고, 의식의 변화와 함께
물량주의가 삶에 대해 획기적인 변화를 보여 주고
있지만, 세상의 부모는 자식을 위해 모든 것을 내어
놓는다. 그 속에는 무한한 사랑이 존재하며 실존적
가치가 존재하기에 가족이라는 틀이 형성되는 것이
다.

나는 들었네
포근한 밤
눈 내리는 소리
들길 거니는 소리
소나무 가지에 내리는 소리
저녁 창가에 쌓이는 소리
어린아이보다 더
부드러운
눈 내리는 소리

가로등 깊이
잠재우고
저마저 누워 잠든
내 누이 미소 같은
하얀 눈꽃이여

(눈 내리는 밤, 전문)

　화자 문창국은 소복이 떨어지는 눈을 바라보며 집시가 된다. 아름다운 추억을 만들고 싶은 꿈이 서린 시다. 3 연으로 구성된 짧은 이 시에 '소리'라는 단어가 5 번 되풀이된다. //포근한 밤/ 눈 내리는 소리/ 들길 거니는 소리/ 소나무 가지에 내리는 소리/ 저녁 창가에 쌓이는 소리/어린아이보다 더 부드러운/ 눈 내리는 소리//로 표현했다. 한편 수필가 김진섭은 백설부에서, '대체 어디서부터 이 한없이 부드럽고

깨끗한 영혼은, 아무 소리도 없이 한들한들 춤추며 내려오는 것인가.'라고 시각적으로 표현한 것에 비해 화자는 추운 겨울 포근한 밤에 하얀 세상으로 만드는 전경을 청각적인 시로 나타냈다. 그러면서 화자는 들길에, 소나무에, 도회지에, 창가에 쌓이는 눈꽃에서 누이를 보고 있다. 세상을 바라보는 따뜻한 눈길이다. 또한, 1938 년 1 월, 조선일보 신춘문예에 당선된 김광균의 대표작 6 연의 자유시 '설야'와 비교하게 된다. 김광균 시인은 //하이얀 입김 절로 가슴이 메어/마음 허공에 등불을 켜고/ 내 홀로 밤 깊어 뜰에 내리면/ 머언 곳에 여인의 옷 벗는 소리//다.

이 두 편 시에서 눈이 내리는 소리는, 지적이라 기 보다 낭만적이다. 그러나 '설야'는 과거에 대한 회한과 추억을 빗댄 감각적이고 관능적인 수법의 소리다. 이와 반대로 화자 문창국의 눈은 현재진 행형의 '소리'로 묘사한다. 김광균은 눈을 통해 과거를 회상하고 만날 수 없는 여인을 떠올리며, 만나지 못하는 '내 슬픔 그 위에 고이 서리'로 표현한다. 하지만 화자의 시에는 그런 슬픔 대신, 마지막 연에서 //가로등 깊이/ 잠재우고/ 저마저 누워 잠든/ 내 누이 미소 같은/ 하얀 눈꽃이여// 눈이 내리고 '내 누이 미소 같은 하얀 눈꽃'이다. 내 누이는 누구일까? 임에 대한 세레나데가 아닐까 싶다. 눈을 통한 사색과 명상을 임에 대한 사랑의 확신, 눈(雪)을 통해 임을 소중한 인자로 부각시키는 것이리라.

이렇게 시적인 아름다운 묘(妙)를 찾는 데는 표현의
예술성이 필요하다. 추억과 아름다움의 그리움을 포
괄하는 조화의 미를 어떻게 표현하느냐에 따라 문
학적 가치가 가늠된다.

마을 동산에 올라서면
크고 작은 섬들이 점점이 박혀있는
서해가 보였다

할아버지는 어린 나를 업으시고
느린 걸음으로 동산에 올라
서해의 일몰을 보여 주셨다

세상이 온통 붉은색으로 변하면서
섬들이 서서히 어둠 속으로 사라질 때
할아버지는 나를 업고 산에서 내려오셨다

내가 수숫대처럼 키가 자라자
할아버지는 내 손에 의지해서
산엘 오르셨다
삭정이같이 여위신 손
금방이라도 사라질 것 같은 섬들이 불쌍해서
내 마음은 들국화처럼 흔들렸다

서해가 내려다보이는 곳에
할아버지 누워계신다
나 할아버지 품에 안기듯 묘지 앞에 앉아서

저녁노을을 바라보고 있다
작은 섬들 사이로
하얀 돛배가 타는 듯
노을 속으로 사라져 갔다

(할아버지와 저녁노을, 전문)

 화자의 시 '할아버지와 저녁노을'은 운문보다 산문
의 형식을 택해 분출하는 감정을 이렇게 정화시켰다.
//내가 수숫대처럼 키가 자라자/ 할아버지는 내 손에
의지해서/ 산엘 오르셨다/ 삭정이같이 여위신 손/
금방이라도 사라질 것 같은 섬들이 불쌍해서/ 내
마음은 들국화처럼 흔들렸다//

 이 시는 할아버지에 대한 그리움이요. 때로는 소박
하면서 때로는 인생이라는 대단원을 보여 주고 있다.
그리하여 저녁노을은 할아버지가 되어, 자신을 되돌
아보게 하는 산문적인 서사시다. 우리의 삶은 나그네
와 같다. 사람은 누구나 말은 안 할 뿐이지 나이가
들어가면 다 죽음을 생각하며 살아간다. 그렇다.
인생의 모든 일은 뒤돌아보면 한낱 물거품이요,
사상누각이었음을 깨닫게 된다. 그렇기에 나이가
들면서 스스로를 가까운 인연과 자연의 생리를
비교하며, 삶에 대해 소회하기 시작한다.

 통상적으로 인간은 태어나면 어린 시절을 가족과

함께 생활한다. 그렇기에 가족에 대한 기억은, 나이가
들수록 보이지 않는 시절인연(時節因緣) 그 자체에
매달려 연연해 하거나 집착을 버리지 못한다. 이 한
편의 시에 사라져 가는 것들에 대한 연민과 함께 인생
은 윤회요, 삶의 순환에 대한 철학이 들어 있다.

빌딩 옥탑 광고판
도시 사람들에게
'사라 그리하면 천국을 맛보리라'

TV와 신문, 종일 토해내는 잠언들
비수같이 날아드는 시편들이
한쪽 귀로 흘러서 재활 용기에 쌓인다

뿌리가 뽑혀 수개월
냉장고 모터 잔소리에 몸 말라가는 채소
살아있음이 치욕이다

잔잔한 호수에 던진 말 때문에
동그랗게 잠을 설치는 보통사람들

소음의 로데오 경주가 열린다
아우성이 불꽃을 일으키며 광장으로 번진다
서로의 가슴에 허무가 들어찰 바람구멍 뚫린다

바위도 말을 한다

천 년 동안 몸으로 하는 말, 유구무언
때로는 침묵도 불편한 소음이다

(소음. 전문)

  화자는 현실을 비판하고 있다. 세상 돌아가는 것에
초점을 맞추고 있다. 매스미디어에서 토해내는 수많
은 이야기와 냉장고에 쌓여 있는 채소, 도시 한가
운데를 달리는 자동차의 소음 등을 불편해한다.
아무리 시속이 변하는 소리일망정 빌딩 옥탑의 광고
판에서 천국을 사고파는 험난한 사회, 물질 만능의 이
시대는 이미 인간미가 사라졌고, 이에 대해 개인
주의도 팽배해졌음을 고발하고 있다. 그냥 살아가는
이야기가 아니라, 카오스적인 사회 속에서 향기와 그
나름의 사색의 채를 통해 걸러내야 한다는 통한의
이야기다. 작가의 가슴 속엔 깊은 의미의 '바위의
목소리'가 등장하고, 일상 뉴스 같은 외침이 있어
함축적이고 극적인 효과까지 내고 있다. 그리하여
자연에 대한 그리움은 원초적일 수밖에 없다는 것을
'천 년 동안 몸으로 말하는 바위의 목소리'요, 비대
해진 물질적 욕망에 제동을 걸기 위해서 천 년이라는
가상(假想)의 바위로 표현하는 것이다.

  오늘의 사회학자들은 이 시대를 '위기의 시대'라고
말한다. 물질의 팽배 속에서 우리가 잃는 것은 다름

아닌 자본주의의 폐해에서 비롯한 정신적 위기감이다. 이러한 비판 정신이야말로 얼음같이 차가운 지성의 칼날이 되고 인생과 사회의 부정적 현실을 단호히 척결하는 힘이 되어, 화자는 고발하는 것이다. 이런 시는 꽃 피고 보석처럼 반짝이는 비평 정신이 살아 숨 쉴 때 그 가치는 더욱 빛난다.

3. 나가는 말

작가 문창국의 제1시집은 서정적 기법이나 서사적 요소 등이 그의 전편을 은은하게 채우고 있다. 우리가 어릴 때 시골 시장터에서나 산사에서 흔히 만날 수 있는 소박한 풍광이며 일상적 스케치다. 그렇기에 화자의 시는 난해하지 않고 우리가 흔히 즐겨 감상할 수 있는 색깔의 시다. 이 시집에 담긴 시편들은 서구적이라기보다는 동양적 맵시를 빼닮아 있고 내재적 질서가 있다. 평범해 보일 듯하지만, 일체의 가식과 위장을 벗어버린 순수 그대로의 스케치다. 씹으면 씹을수록 스스로의 혀를 자극하는 고향의 산채비빔밥 같은 맛과 향기가 배여 있다. 이는 바로 문창국의 시 세계이자 존재의 밑그림을 인간애를 바탕으로 존재의미를 통찰하는 작가 정신과 통한다.

화자는 미국에서 25년 혼돈의 시대를 거친 작금, 제1시집 《아니 그리워》를 2쇄 한다. 30년이 지난 시집을 왜 2 쇄 하는 것일까. 이는 그만큼 외지 (外地)에서의 생활이 험난하고 외로웠으며, 지난 세월에 대해 할 말이 많기 때문일 것이다. 그동안 가족을 위해 온몸을 던진 25 년의 세월, 마치 직조물과 같이 짜여 있는 미국에서의 형상과 젊은 날의 초상을 비교하고 싶었을 것이다.

 앞으로 그가 창조할 시문학 세계의 너비와 깊이가 더욱더 다져지리라 믿으며, 더욱 창의적인 시 세계가 펼쳐질 것을 기대한다.

'아니 그리워' 첫 시집을 1988 년에 출간
하고 나서 무려 30 여 년이 지난 오늘에서
야 증보판을 내게 되었다.

그 때 쓴 시를 읽어보면 순수했던 감성은
너무 지나치고 열정만 뜨거웠구나. 라는 생
각을 하게 된다.

제 1 부와 2 부, 3 부에 주로 '아니 그리
워'에 등재됐던 시를 올렸다

제 4 부와 5 부에는 80 년대 말에 써 놓았던
시를 올렸다.

나는 이만큼 나이를 먹었지만 '아니 그리
워'는 여전히 나를 문학 소년의 시절, 때묻
지 않았던 순수했던 시절로 되돌려 주어서
고맙다.

2017 년 2 월
시애틀의 눈 오는 밤에

저자 문창국

| 저자 소개 |

문창국

충남 당진 출생
KAES Bible College & Seminary Theology Master's Degree

1988 년   '아니 그리워' 시집 출간
1992 년   시애틀로 이주

           미주 중앙일보 문예공모 우수상
           미주 한국일보 문예공모 우수상
           문학세계 문학상 본상
           한미문단 문학상 등 다수 수상

           현 한국문인협회 워싱턴주 지부 부회장